Impressum
Verlag: BABADADA GmbH, Nedderfeld 112 , 22529 Hamburg
Geschäftsführer / Verlagsleitung: Harald Hof
Druck: Books on Demand GmbH, In de Tarpen 42, 22848 Norderstedt

Imprint
Publisher: BABADADA GmbH, Nedderfeld 112 , 22529 Hamburg, Germany
Managing Director / Publishing direction: Harald Hof
Print: Books on Demand GmbH, In de Tarpen 42, 22848 Norderstedt, Germany

deliť
تقسیم کردن

186/2

tabuľa
تخته

trieda
کلاس درس

učiteľ
معلم

papier
کاغذ

písať
نوشتن

pero
خودکار

písací stôl
میز تحریر

pravítko
خط کش

kniha
کتاب

žiak
دانش آموز

školská taška

کیف مدرسه

peračník

جامدادی

ceruza

مداد

strúhadlo na ceruzky

تراش

guma

پاک کن

skicár

دفتر رسم

kresba

طراحی

štetec

قلم مو

vodové farby

جعبه ی آبرنگ

nožnice

قیچی

lepidlo

چسب

cvičný zošit

کتاب تمرین

domáca úloha

تکلیف خانه

číslo

رقم

sčítať

جمع کردن

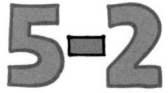

odčítať

تفریق کردن

násobiť

ضرب کردن

počítať

محاسبه کردن

písmeno

حرف الفبا

abeceda

الفبا

slovo

کلمه

text

متن

čítať

خواندن

krieda

گچ

hodina

درس

triedna kniha

ثبت نام

skúška

امتحان

certifikát

مدرک رسمی

školská uniforma

لباس مدرسه

vzdelanie

تحصيلات

encyklopédia

دانشنامه

univerzita

دانشگاه

mikroskop

ميکروسکوپ

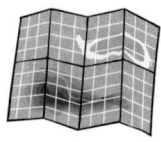

mapa

نقشه

kôš na papier

سبد کاغذ باطله

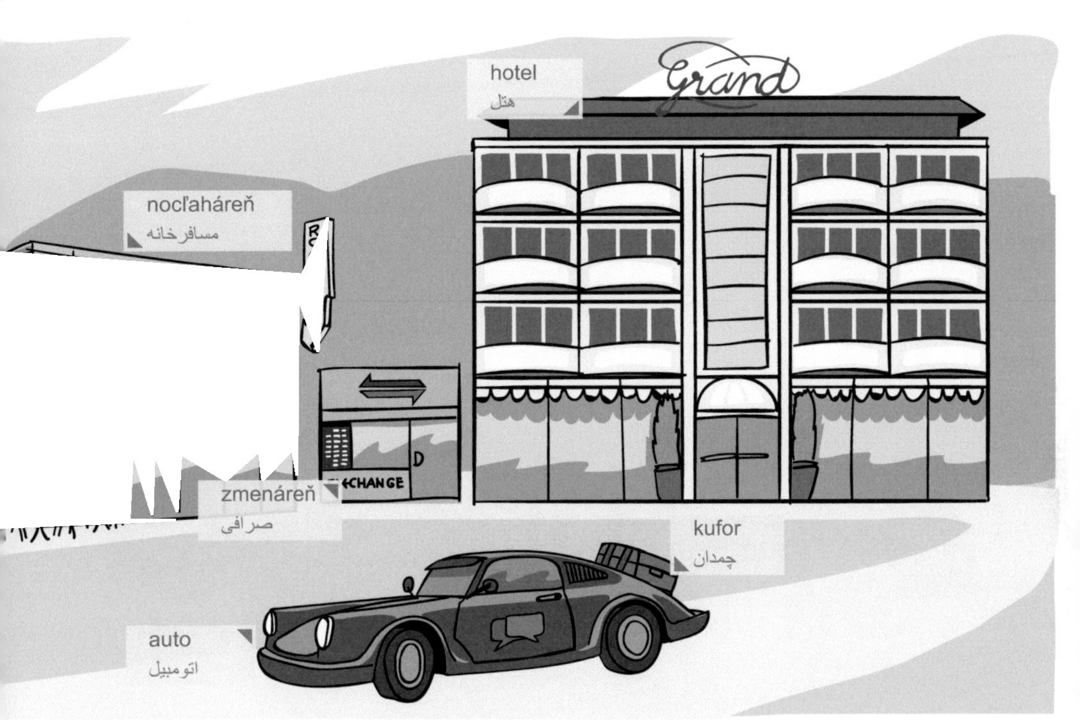

hotel
هتل
Grand
nocľaháreň
مسافرخانه
zmenáreň
صرافی
kufor
چمدان
auto
اتومبیل

jazyk

زبان

áno/nie

بله / خیر

v poriadku

اُکی

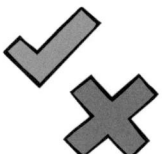

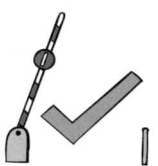

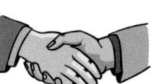

ahoj

سلام

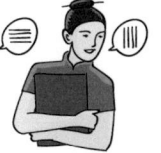

prekladateľ

مترجم

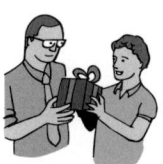

ďakujem

ممنون

Koľko stojí ... ?

قیمت ... چه قدر است؟

Nerozumiem

من متوجه نمی شوم

problém

مشکل

Dobrý večer!

عصر بخیر! / شب بخیر!

Dobré ráno!

صبح بخیر!

Dobrú noc!

شب بخیر!

Dovidenia

خداحافظ

smer

جهت

batožina

بار سفر

taška

کیف

batoh

کوله پشتی

hosť

مهمان

izba

اتاق

spacák

کیسه خواب

stan

خیمه

informácie pre turistov

مرکز راهنمای گردشگران

pláž

ساحل

kreditná karta

کارت اعتباری

raňajky

صبحانه

obed

نهار

večera

شام

cestovný lístok

بلیط

výťah

آسانسور

poštová známka

مهر

hranica

مرز

clo

گمرک

veľvyslanectvo

سفارتخانه

vízum

ویزا

cestovný pas

گذرنامه

حمل و نقل

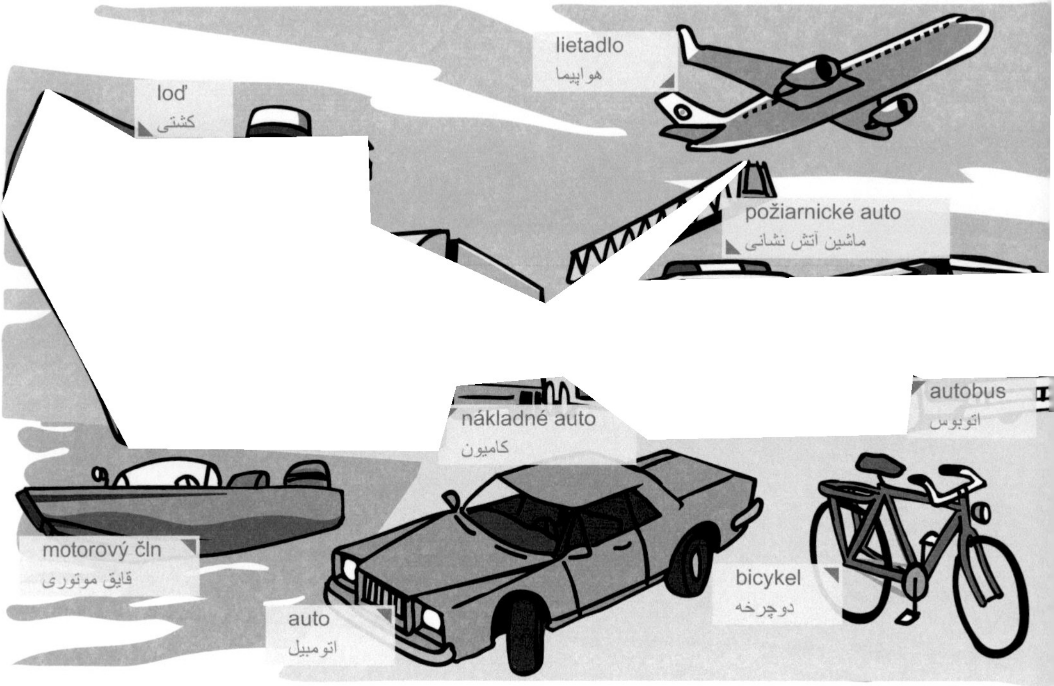
lietadlo
هواپیما
loď
کشتی
požiarnické auto
ماشین آتش نشانی
nákladné auto
کامیون
autobus
اتوبوس
motorový čln
قایق موتوری
auto
اتومبیل
bicykel
دوچرخه

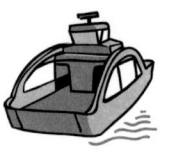

trajekt

کشتی مسافربری

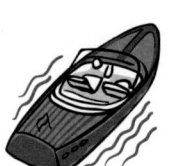

loď

قایق

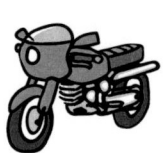

motorka

موتورسیکلت

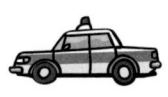

policajné auto

ماشین پلیس

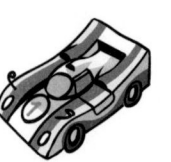

pretekárske auto

ماشین مسابقه

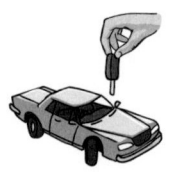

vozidlo z požičovne

ماشین کرایه ای

carsharing

به اشتراک گذاری اتوموبیل

odťahové auto

جرثقیل

smetiarske auto

ماشین حمل زباله

motor

موتور

benzín

بنزین

čerpacia stanica

پمپ بنزین

dopravná značka

تابلو راهنمایی و رانندگی

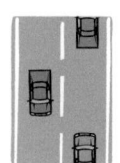

premávka

عبور و مرور

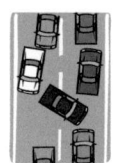

zápcha

ترافیک

parkovisko

پارکینگ

vlaková stanica

ایستگاه قطار

trate

ریل راه آهن

vlak

قطار

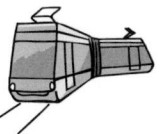

električka

قطار برقی

vagón

واگن

helikoptéra

هلیکوپتر

letisko

فرودگاه

veža

برج

pasažier

مسافر

kontajner

کانتینر

kartón

کارتن

vozík

گاری

kôš

سبد

štartovať / pristáť

به پرواز درآمدن / فرود آمدن

شهر

dedina

دهکده

centrum mesta

مرکز شهر

dom

خانه

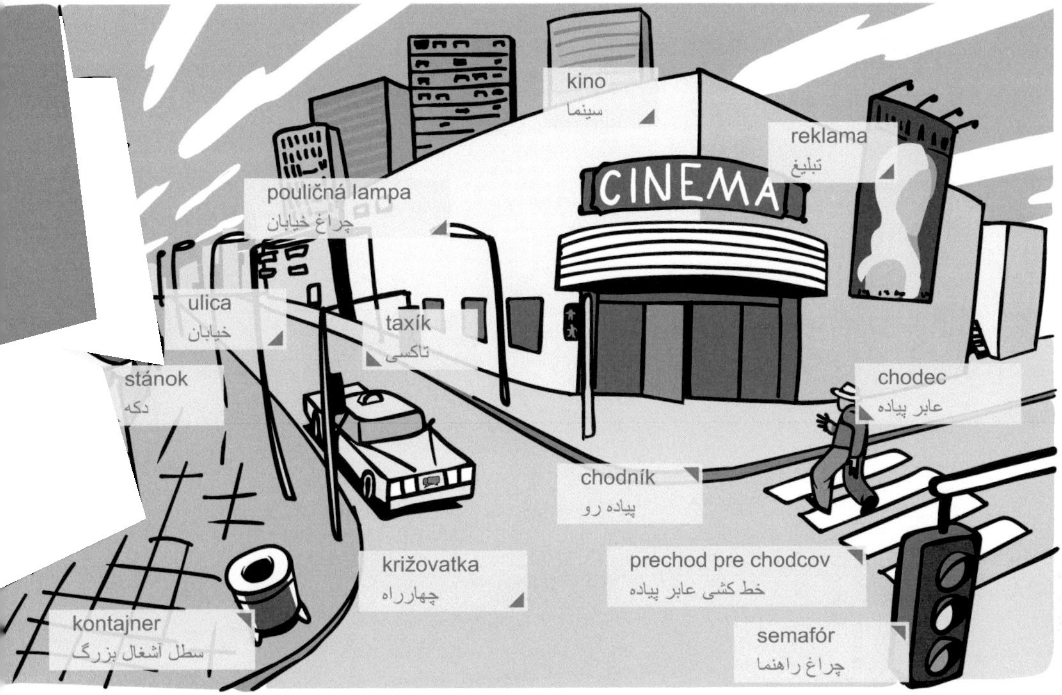

CINEMA
kino
سینما
reklama
تبلیغ
pouličná lampa
چراغ خیابان
ulica
خیابان
taxík
تاکسی
stánok
دکه
chodec
عابر پیاده
chodník
پیاده رو
križovatka
چهارراه
prechod pre chodcov
خط کشی عابر پیاده
kontajner
سطل آشغال بزرگ
semafór
چراغ راهنما

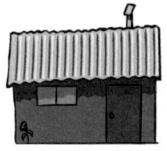

chata

کلبه

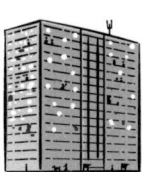

byt

آپارتمان

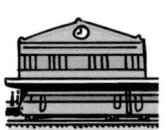

vlaková stanica

ایستگاه قطار

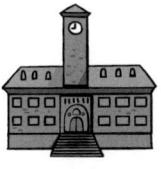

radnica

ساختمان شهرداری

MUSEUM

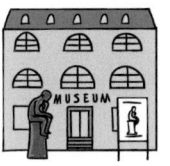

múzeum

موزه

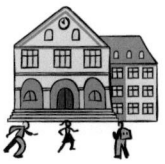

škola

مدرسه

univerzita

دانشگاه

banka

بانک

nemocnica

بیمارستان

hotel

هتل

lekáreň

داروخانه

kancelária

اداره

kníhkupectvo

کتابفروشی

obchod

مغازه

kvetinárstvo

گل فروشی

supermarket

سوپرمارکت

trh

بازار

obchodný dom

فروشگاه بزرگ

obchodník s rybami

ماهی فروش

nákupné stredisko

مرکز خرید

prístav

بندر

park

پارک

lavička

نیمکت

most

پل

schody

پله

metro

مترو

tunel

تونل

autobusová zastávka

ایستگاه اتوبوس

bar

میخانه

reštaurácia

رستوران

poštová schránka

صندوق پست

tabuľa s názvom ulice

تابلوی خیابان

parkovacie hodiny

دستگاه پارکومتر

ZOO

باغ وحش

plaváreň

استخر شنای عمومی

mešita

مسجد

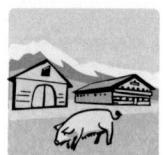

farma

مزرعه

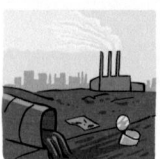

znečisťovanie životného prostredia

آلودگی محیط زیست

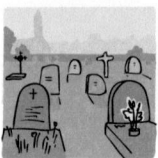

cintorín

قبرستان

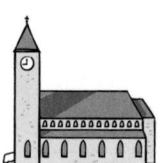

kostol

کلیسا

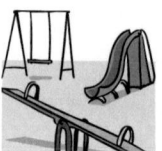

ihrisko

زمین بازی

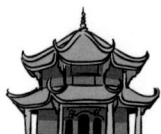

chrám

معبد

چشم انداز

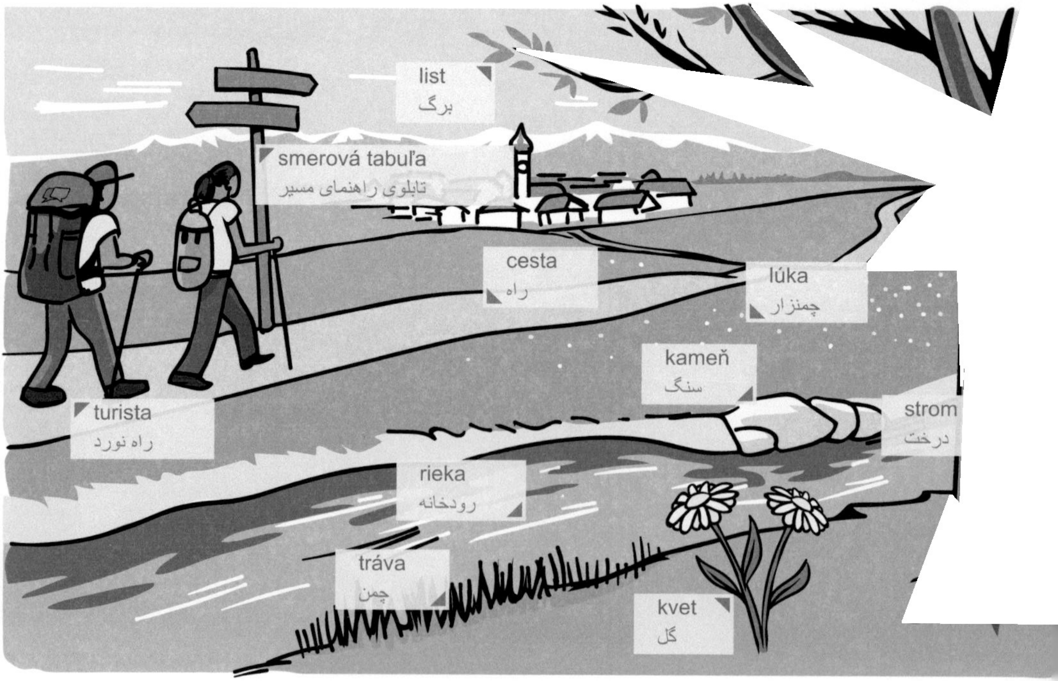
list
برگ
smerová tabuľa
تابلوی راهنمای مسیر
cesta
راه
lúka
چمنزار
kameň
سنگ
turista
راه نورد
strom
درخت
rieka
رودخانه
tráva
چمن
kvet
گل

dolina

دره

kopec

تپه

jazero

دریاچه

les

جنگل

púšť

بیابان

vulkán

کوه آتشفشان

zámok

قلعه

dúha

رنگین کمان

hríb

قارچ

palma

درخت نخل

komár

پشه

mucha

مگس

mravec

مورچه

včela

زنبور

pavúk

عنکبوت

chrobák

سوسک

žaba

قورباغه

veverička

سنجاب

jež

جوجه تیغی

zajac

خرگوش صحرایی

sova

جغد

vták

پرنده

labuť

قو

diviak

گراز

jeleň

گوزن نر

los

گوزن شمالی

hrádza

سد آب

veterná turbína

توربین بادی

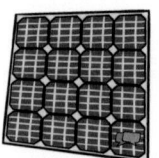

solárny panel

صفحه ی خورشیدی

podnebie

آب و هوا

čašník
پیشخدمت رستوران

jedálny lístok
منوی غذا

stolička
صندلی

polievka
سوپ

pizza
پیتزا

príbor
سرویس کارد و قاشق و چنگال

obrus
رومیزی

predjedlo

پیش‌غذا

hlavné jedlo

غذای اصلی

zákusok

دسر

nápoje

نوشیدنی ها

jedlo

غذا

fľaša

بطری

fast-food

فست فود

street food

اغذیه خیابانی

kanvica na čaj

قوری

cukornička

قندان

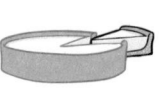

porcia

پُرس غذا

stroj na espresso

دستگاه اسپرسو

detská stolička

صندلی پایه بلند غذاخوری بچه

účet

صورتحساب

podnos

سینی

nôž

چاقو

vidlička

چنگال

lyžica

قاشق

čajová lyžička

قاشق چایخوری

obrúsok

دستمال سفره

pohár

لیوان

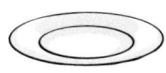

tanier

بشقاب

hlboký tanier

بشقاب سوپخوری

podšálka

نعلبکی

omáčka

سس

soľnička

نمکدان

mlynček na korenie

فلفل ساب

ocot

سرکه

olej

روغن خوراکی

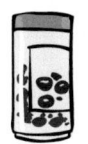

korenie

ادویه جات

kečup

سس کچاپ

horčica

سس خردل

majonéza

سس مايونز

سوپرمارکت

špeciálna ponuka
پیشنهاد ویژه
FOR
klient
مشتری
mliečne výrobky
لبنیات
nákupný vozík
چرخ دستی خرید

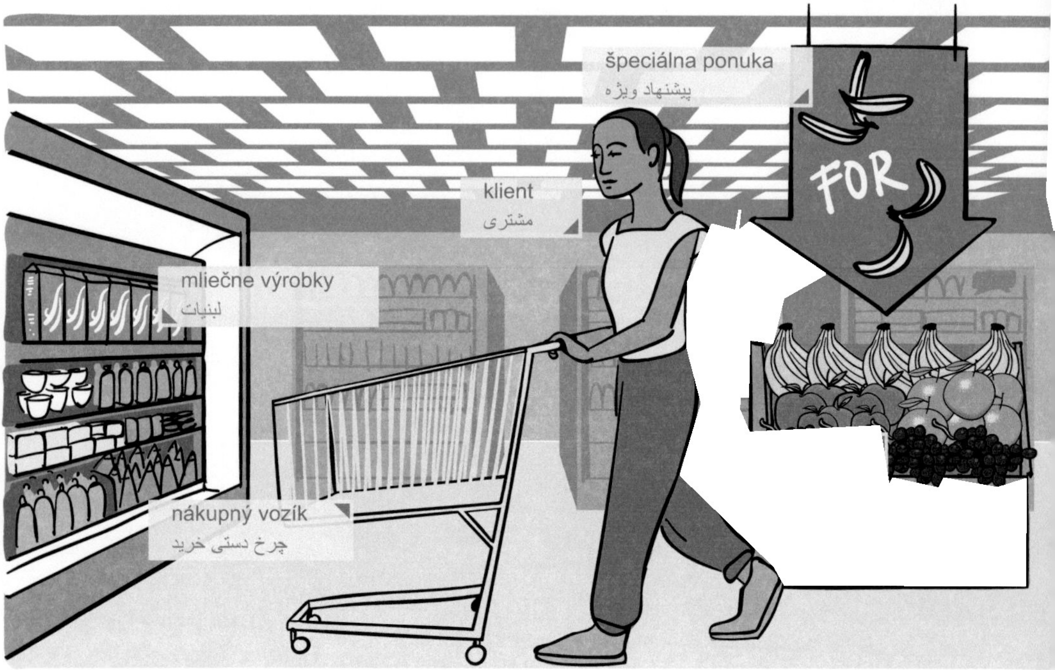

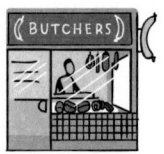

BUTCHERS

mäsiarstvo

قصابی

BAKERY

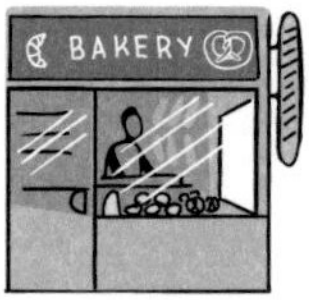

pekáreň

نانوایی

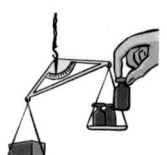

vážiť

وزن کردن

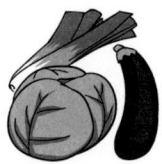

zelenina

سبزیجات

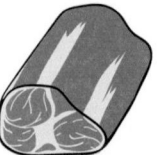

mäso

گوشت

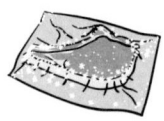

mrazené potraviny

غذای منجمد

nárez

مخلوطی از انواع کالباس یا پنیر که ورقه ای بریده شده باشند

konzervy

غذای کنسروی

prací prostriedok

پودر لباسشویی

sladkosti

شیرینی جات

domáce potreby

لوازم خانگی

čistiace prostriedky

ماده شوینده و پاک کننده

predavačka

فروشنده

pokladňa

صندوق پرداخت

pokladník

صندوقدار

nákupný zoznam

لیست خرید

otváracie hodiny

ساعات کار

peňaženka

کیف پول

kreditná karta

کارت اعتباری

taška

کیف

plastové vrecko

کیسه ی پلاستیکی

voda

آب

džús

آبمیوه

mlieko

شیر

kola

نوشابه کوکاکولا

víno

شراب

pivo

أبجو

alkohol

الکل

kakao

کاکائو

čaj

چای

káva

قهوه

espresso

قهوه اسپرسو

kapučíno

کاپوچینو

banán

موز

jablko

سیب

pomaranč

پرتقال

melón

انواع هندوانه و خربزه

citrón

لیمو

mrkva

هویج

cesnak

سیر

bambus

نی بامبو

cibuľa

پیاز

hríb

قارچ

orechy

آجیل

rezance

ماکارونی

špagety

اسپاگتی

ryža

برنج

šalát

سالاد

hranolky

سیب زمینی سرخ کرده

pečené zemiaky

سیب زمینی سرخ شده

pizza

پیتزا

hamburger

همبرگر

obložený chlebík

ساندویچ

rezeň

شنیتسل

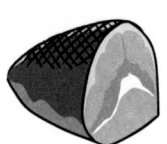

šunka

ژامبون خوک

saláma

سالامی

klobása

سوسیس

kurča

مرغ

pečené mäso

نوعی گوشت سرخ شده

ryba

ماهی

ovsené vločky

جوی پرک شده

müsli

نوعی صبحانه مخلوطی از برگه ذرت و
میوه های خشک شده و خشکبار که
معمولا با شیر خورده می شود

kukuričné lupienky

کورن‌فلکس

múka

آرد

croissant

کرواسان

pečivo

نان بروتشن

chlieb

نان

hrianka

نان تست

sušienky

بیسکویت

maslo

کره

tvaroh

کشک

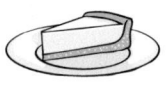

koláč

کیک

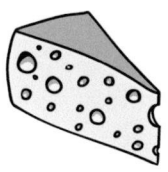

vajce

تخم مرغ

volské oko

تخم مرغ نیمرو

syr

پنیر

zmrzlina

بستنی

cukor

شکر

med

عسل

lekvár

مربا

nugátová nátierka

کرم شکلاتی بادامی

karí korenie

ادویه کاری

sedliacky dom
خانه ی مزرعه داران

stodola
انبار غله

stoch slamy
خرمن‌گاه

pole
مزرعه

kôň
اسب

príves
ماشین یدک کش

žriebä
کره اسب

traktor
تراکتور

somár
خر

ovca
گوسفند

jahňa
بره

koza

بز

krava
گاو ماده

teľa
گوساله

prasa
خوک

prasiatko
بچه خوک

býk
گاو نر

farma - مزرعه

27

hus

غاز

kačica

اردک

kuriatko

جوجه

sliepka

مرغ

kohút

خروس

potkan

موش صحرایی

mačka

گربه

myš

موش

vôl

گاو نر اخته

pes

سگ

psia búda

لانه ی سگ

záhradná hadica

شلنگ باغبانی

krhla

آبپاش

kosa

داس دسته بلند

pluh

گاوآهن

kosák

داس

motyka

کج بیل

vidly na hnoj

چنگک باغبانی

sekera

تبر

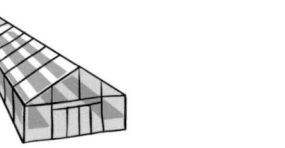

fúrik

فرقون

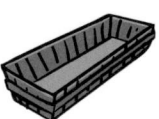

koryto

ابشخور

kanva na mlieko

بطری نگهداری شیر

vrece

کیسه

plot

حصار

maštaľ

اصطبل

skleník

گلخانه

pôda

خاک

osivo

بذر

hnojivo

کود

kombajn

ماشین کمباین

žať

برداشت کردن محصول

žatva

محصول

batát

تميس

pšenica

گندم

sója

سویا

zemiak

سیب زمینی

kukurica

ذرت

repka

کلزا

ovocný strom

درخت میوه

maniok

گیاه مانیوک

obilie

غلات

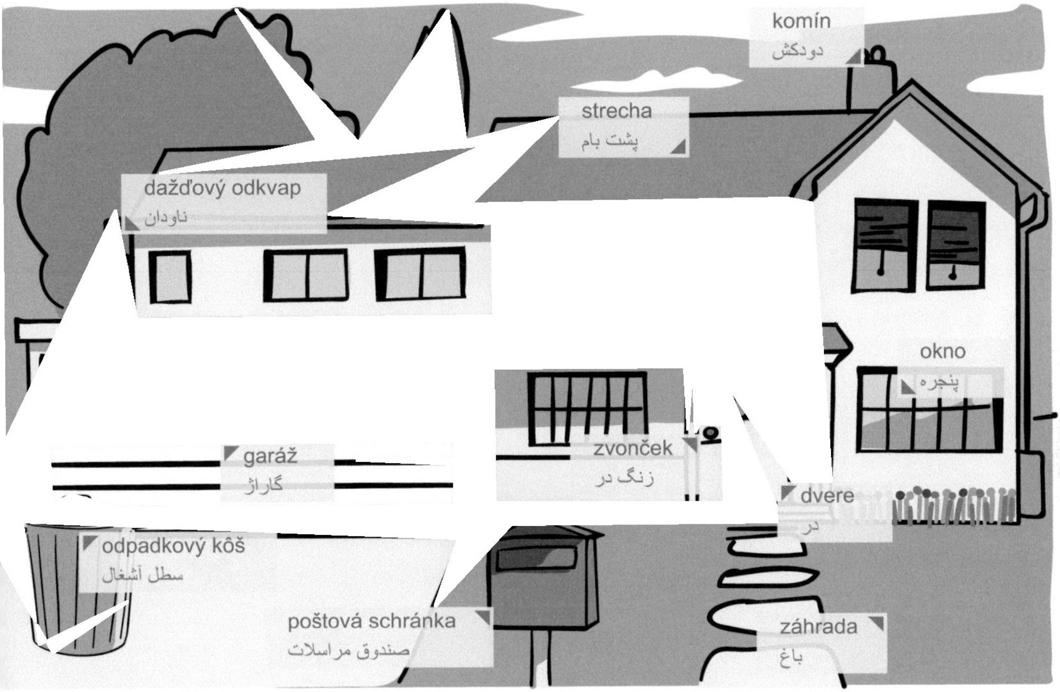

komín
دودکش

strecha
پشت بام

dažďový odkvap
ناودان

okno
پنجره

garáž
گاراژ

zvonček
زنگ در

dvere
در

odpadkový kôš
سطل آشغال

poštová schránka
صندوق مراسلات

záhrada
باغ

obývačka

اتاق نشیمن

kúpeľňa

حمام

kuchyňa

آشپزخانه

spálňa

اتاق خواب

detská izba

اتاق بچه

jedáleň

ناهارخوری

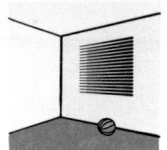

podlaha

کف زمین

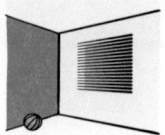

stena

دیوار

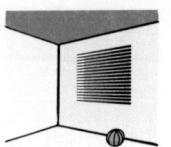

strop

سقف

pivnica

زیرزمین

sauna

سونا

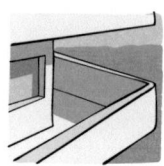

balkón

بالکن

terasa

تراس

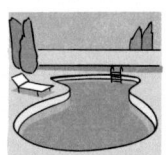

bazén

استخر

kosačka

ماشین چمن‌زنی

obliečka

ملافه

posteľná prikrývka

روتختی

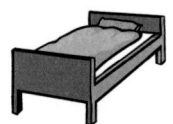

posteľ

تخت خواب

metla

جارو

vedro

سطل

vypínač

سوییچ یا کلید

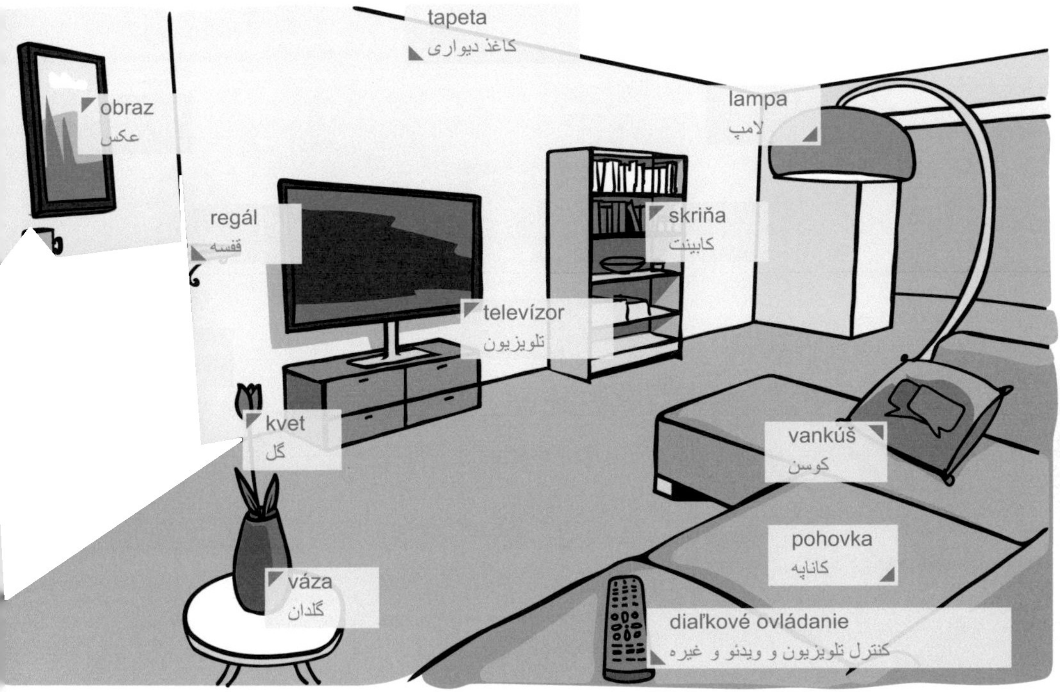

tapeta
کاغذ دیواری

obraz
عکس

lampa
لامپ

regál
قفسه

skriňa
کابینت

televízor
تلویزیون

kvet
گل

vankúš
کوسن

pohovka
کاناپه

váza
گلدان

diaľkové ovládanie
کنترل تلویزیون و ویدئو و غیره

koberec

فرش

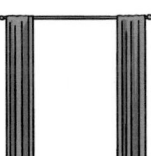

záclona

پرده

stôl

میز

stolička

صندلی

hojdacie kreslo

صندلی گهواره ایی

kreslo

صندلی راحتی

kniha

كتاب

prikrývka

لحاف

dekorácia

دكوراسيون

drevo na kúrenie

هيزم

film

فيلم

hi-fi veža

دستگاه ضبط صوت

kľúč

كليد

noviny

روزنامه

maľba

تابلو نقاشى

plagát

پوستر

rádio

راديو

zápisník

دفترچه يادداشت

vysávač

جاروبرقى

kaktus

كاكتوس

sviečka

شمع

آشپزخانه

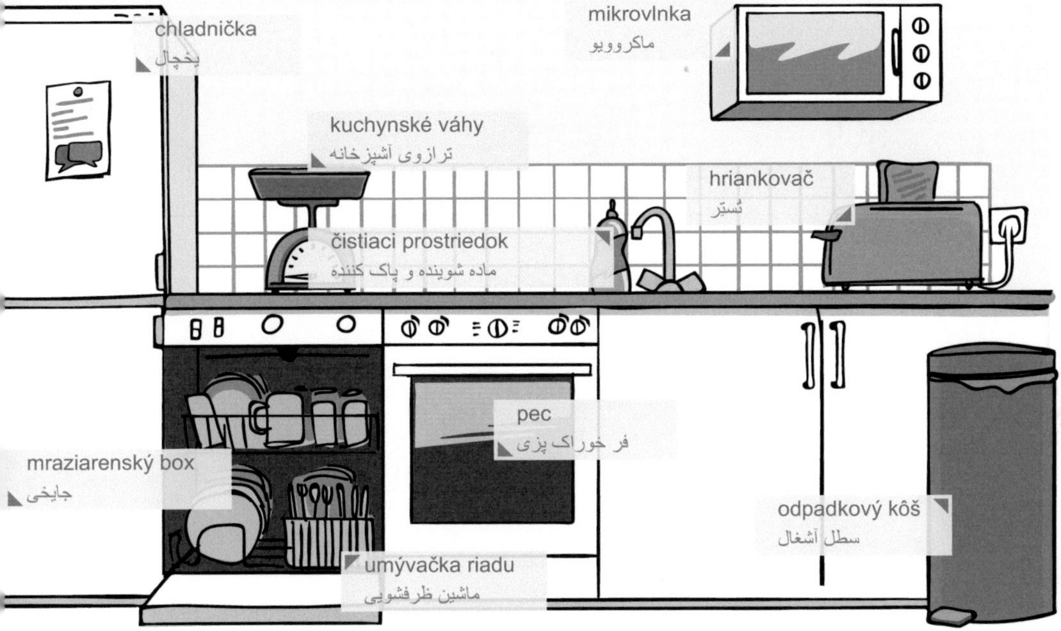
chladnička
یخچال
mikrovlnka
ماکروویو
kuchynské váhy
ترازوی آشپزخانه
hriankovač
تُستر
čistiaci prostriedok
ماده شوینده و پاک کننده
pec
فر خوراک پزی
mraziarenský box
جایخی
odpadkový kôš
سطل آشغال
umývačka riadu
ماشین ظرفشویی

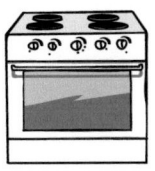

sporák

اجاق گاز

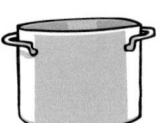

hrniec

قابلمه

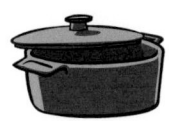

železný hrniec

قابلمه چدنی

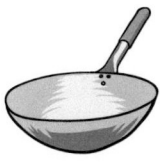

wok / kadai

ماهی تابه گود

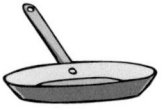

panvica

ماهی تابه

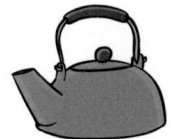

rýchlovarná kanvica

کتری

parný hrniec

بخارپز

plech na pečenie

سینی فر

riad

ظرف چینی آشپزخانه

pohár

لیوان

misa

کاسه

paličky

چاپستیک

naberačka na polievku

ملاقه

stierka

کفگیر

metlička

همزن

cedidlo

آبکش

sitko

آبکش

strúhadlo

رنده

mažiar

هاون

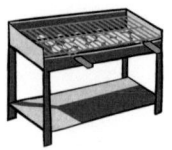

gril

باربیکیو

ohnisko

محل مخصوص افروختن آتش

doska na krájanie

تخته گوشت و سبزی

valček na cesto

وردنه

vývrtka

در بطری بازکن

konzerva

قوطی

otvárač na konzervy

در قوطی بازکن

chňapka

دستگیره پارچه ای

výlevka

سینک ظرفشویی

kefa

برس گردگیری

hubka

اسفنج

mixér

مخلوط کن

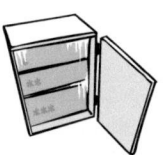

mraznička

فریزر

kojenecká fľaša

شیشه شیر بچه

vodovodný kohútik

شیر آب

kúrenie
بخاری

sprcha
دوش

uterák
حوله

sprchový záves
پرده ی حمام

pena do kúpeľa
حمام کف

vaňa
وان حمام

pohár
لیوان

práčka
ماشین لباسشویی

vodovodný kohútik
شیر آب

dlaždice
کاشی

nočník
لگن دستشویی کودکان

výlevka
سینک ظرفشویی

záchod

توالت

suchý záchod

توالت ایرانی

bidet

کاسه توالت

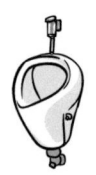

pisoár

توالت مخصوص آقایان

toaletný papier

دستمال توالت

záchodová kefa

فرچه توالت

zubná kefka

مسواک

zubná pasta

خمیردندان

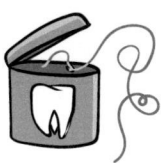

dentálna niť

نخ دندان

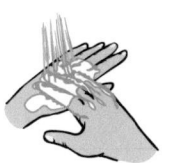

umývať

شستن

ručná sprcha

دوش آب تلفنی

sprcha pre intímnu hygienu

شلنگ توالت

umývadlo

لگن روشویی

kefa na chrbát

برس شست و شوی پشت

mydlo

صابون

sprchový gél

شامپو بدن

šampón

شامپو

frotírová rukavica

لیف حمام

odtok

راه آب

krém

کرم

dezodorant

اسپری دئودورانت

zrkadlo

آیینه

kozmetické zrkadlo

آیینه ی کوچک دستی

žiletka

تیغ ریش تراشی

pena na holenie

کف ریش تراشی

voda po holení

افترشیو

hrebeň

شانه ی سر

kefa

برس

sušič vlasov

سشوار

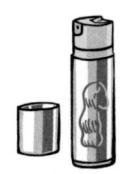

sprej na vlasy

اسپری مو

make-up

آرایش

rúž

رژلب

lak na nechty

لاک ناخن

vata

پنبه

nožnice na nechty

قیچی ناخن

parfum

عطر

kúpeľňa - حمام

kozmetická taška

کیف لوازم آرایشی و بهداشتی

stolček

چهارپایه

váha

ترازو

kúpací plášť

حوله ی پالتویی

gumové rukavice

دستکش ظرفشویی

tampón

تامپون

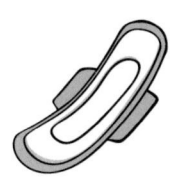

menštruačná vložka

نوار بهداشتی

chemické WC

توالت سیار

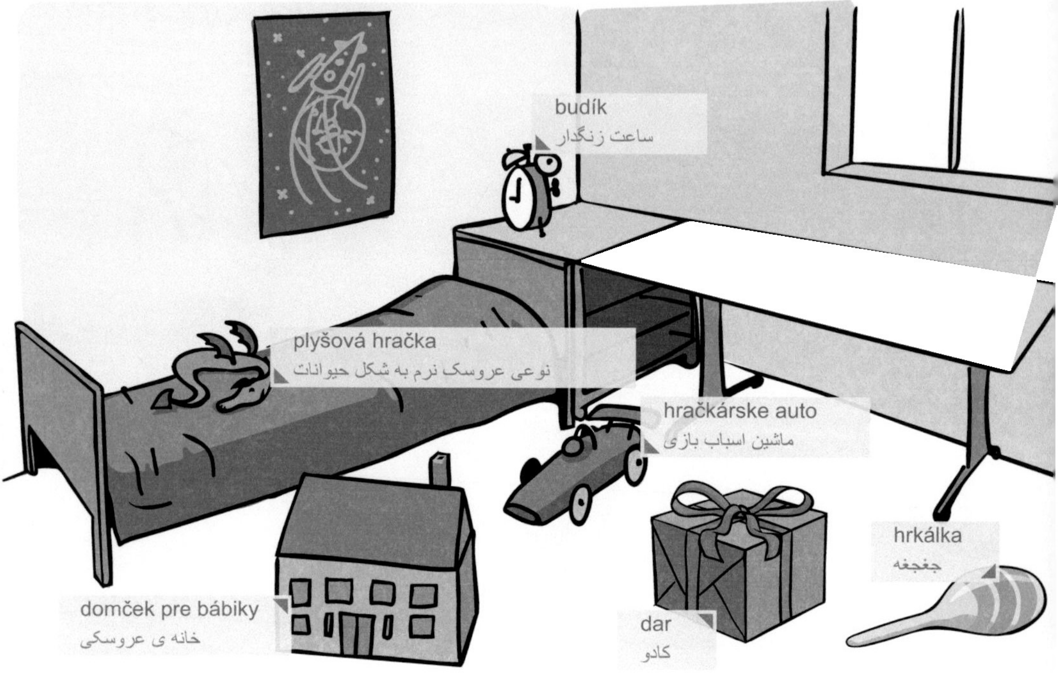

budík
ساعت زنگدار
plyšová hračka
نوعی عروسک نرم به شکل حیوانات
hračkárske auto
ماشین اسباب بازی
hrkálka
جغجغه
domček pre bábiky
خانه ی عروسکی
dar
کادو

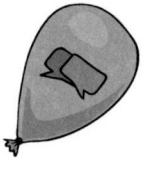

balón

بادکنک

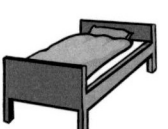

posteľ

تخت خواب

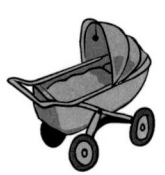

detský kočík

کالسکه بچه

karty

بازی ورق

puzzle

پازل

SUPER
MEGA

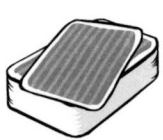

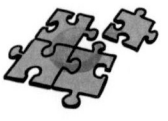

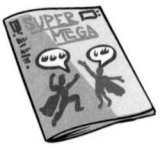

komix

داستان مصور

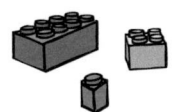

skladačka lego

اسباب بازی لگو

stavebnica

خانه سازی

akčná postavička

عروسک شخصیت های فیلم و کارتون

dupačky

لباس نوزاد

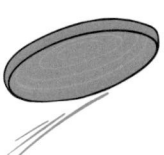

lietajúci tanier

فریزبی

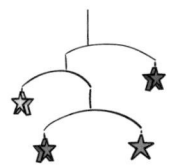

závesné hračky

نوعی اسباب بازی که روی تخت نوزاد
یا کودک نصب می شود

stolová hra

بازی روی صفحه

kocka

تاس

modelový vláčik

قطار اسباب بازی

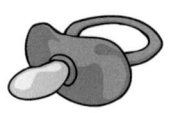

cumlík

پستانک

párty

مهمانی

obrázková kniha

کتاب مصور

lopta

توپ

bábika

عروسک

hrať sa

بازی کردن

pieskovisko

جعبه شنی مخصوص بازی کودکان

hojdačka

تاب

hračky

اسباب بازی

hracia konzola

کنسول بازی های کامپیوتری

trojkolka

سه چرخه

medvedík

خرس عروسکی

šatník

کمد لباس

ponožky

جوراب

pančuchy

جوراب زنانه ساق بلند

pančuchové nohavičky

جوراب شلواری

šál
شال

dáždnik
چتر

tričko
تی شرت

opasok
کمربند

čižmy
پوتین

papuče
دمپایی

tenisky
کفش ورزشی کتانی

sandále

صندل

topánky

کفش

gumáky

چکمه پلاستیکی

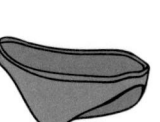

spodky

شرت

podprsenka

سوتین

tielko

جلیقه

body

بادی

nohavice

شلوار

džínsy

جين

sukňa

دامن

blúzka

بلوز

košeľa

پيراهن

pulóver

پوليور

sveter

سويى شرتٍ

blejzer

نوعى كت

bunda

ژاكت

kabát

كت بلند

pršiplášť

بارانى

kostým

لباس نمايش

šaty

لباس

svadobné šaty

لباس عروس

šatstvo - لباس

oblek

کت و شلوار

nočná košeľa

لباس خواب زنانه

pyžamo

پیژامه

sari

ساری

šatka na hlavu

روسری

turban

عمامه

burka

برقع

kaftan

قبا

abaja

عبا

dvojdielne plavky

لباس شنا

plavky

شرت شنا

šortky

شلوارک

tepláková súprava

لباس ورزشی

zástera

پیشبند

rukavice

دستکش

gombík

دکمه

okuliare

عینک

náramok

دستبند

retiazka

گردنبند

prsteň

انگشتر

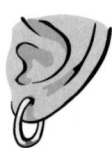

náušnica

گوشواره

čiapka

کلاه لبه دار

vešiak

چوب لباسی

klobúk

کلاه

kravata

کراوات

zips

زیپ

prilba

کلاه ایمنی

traky

بند شلوار

školská uniforma

لباس مدرسه

uniforma

لباس فرم

podbradník

پیش بند بچه

cumlík

پستانک

plienka

پوشک بچه

skriňa na spisy

کمد نگهداری پرونده

server

سرور

tlačiareň

چاپگر

monitor

مانیتور

papier

کاغذ

myš

ماوس

klávesnica

صفحه کلید

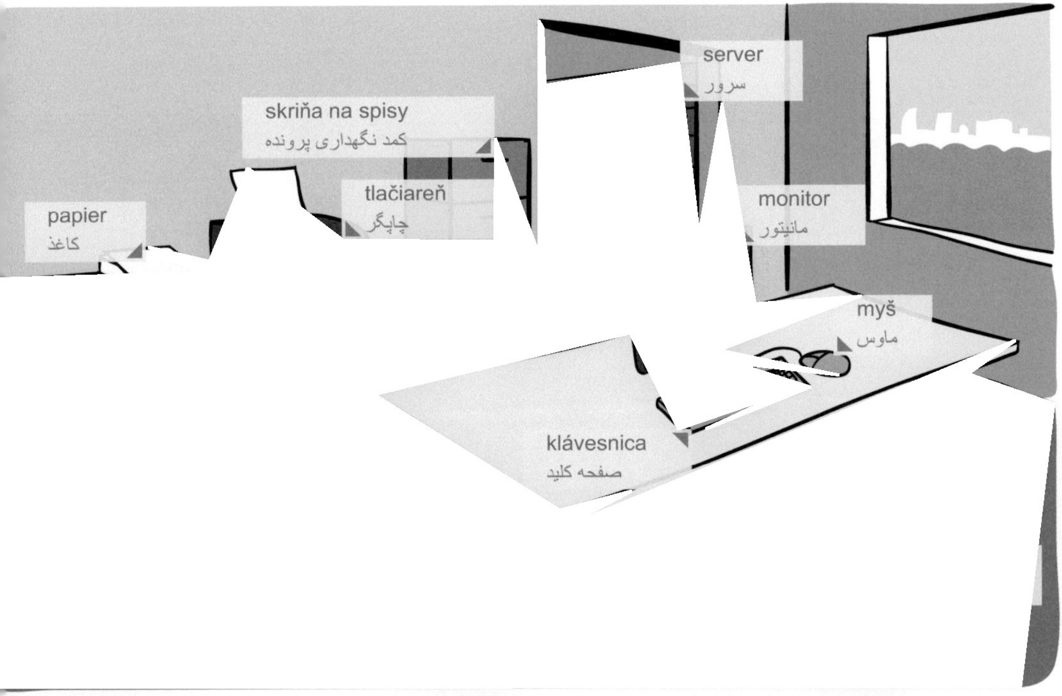

hrnček na kávu

لیوان قهوه

kalkulačka

ماشین حساب

internet

اینترنت

laptop

لپ تاپ

list

نامه

správa

پیغام

mobil

تلفن همراه

sieť

شبکه ی ارتباطی

kopírka

دستگاه فتوکپی

softvér

نرم افزار

telefón

تلفن

elektrická zásuvka

پریز

fax

دستگاه فاکس

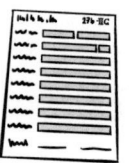

formulár

فرم

doklad

مدرک

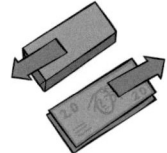

kúpiť

خریدن

platiť

پرداخت کردن

obchodovať

تجارت کردن

peniaze

پول

dolár

دلار

euro

یورو

jen

ین

rubeľ

روبل

švajčiarsky frank

فرانک سوئیس

čínsky jüan

یوان رنمینبی

rupia

روپیه

bankomat

دستگاه خودپرداز

zmenáreň

صرافی

zlato

طلا

striebro

نقره

ropa

نفت

energia

انرژی

cena

قیمت

zmluva

قرارداد

daň

مالیات

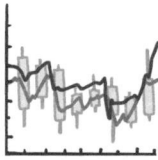

akcia

سهام سرمایه

pracovať

کار کردن

zamestnanec

کارمند

zamestnávateľ

کارفرما

továreň

کارخانه

obchod

مغازه

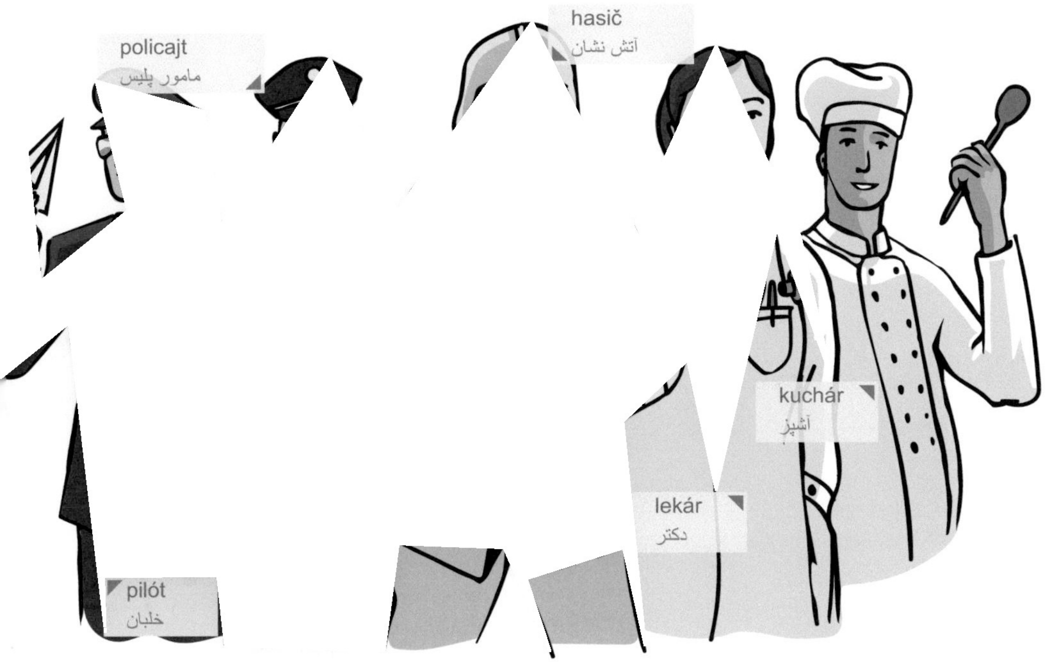

policajt
مامور پلیس

hasič
آتش نشان

kuchár
آشپز

lekár
دکتر

pilót
خلبان

záhradník

باغبان

stolár

نجار

krajčírka

خیاط زنانه

sudca

قاضی

chemik

شیمیدان

herec

بازیگر

vodič autobusu

راننده اتوبوس

taxikár

راننده تاکسی

rybár

ماهیگیر

upratovačka

نظافتچی زن

pokrývač

سقف ساز

čašník

پیشخدمت رستوران

poľovník

شکارچی

maliar

نقاش

pekár

نانوا

elektrikár

برقکار

stavebný robotník

کارگر ساختمانی

inžinier

مهندس

mäsiar

قصاب

klampiar

لوله کش

poštár

پستچی

vojak

سرباز

architekt

معمار

pokladník

صندوقدار

kvetinár

گل فروش

kaderník

آرایشگر

sprievodca

مامور کنترل بلیط در قطار

mechanik

مکانیک

kapitán

ناخدا

zubár

دندانپزشک

vedec

دانشمند

rabín

عالم یهودی

imám

امام

mních

راهب

farár

کشیش

ابزارآلات

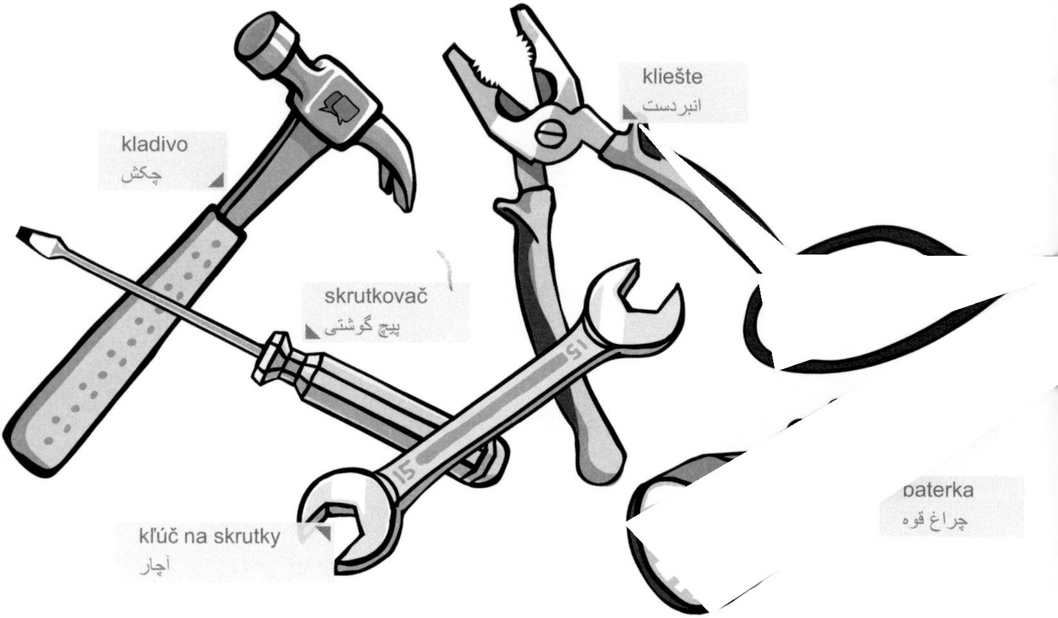

kladivo
چکش
kliešte
انبردست
skrutkovač
پیچ گوشتی
kľúč na skrutky
آچار
baterka
چراغ قوه

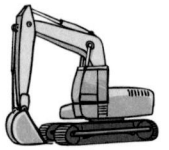

bager
بیل مکانیکی

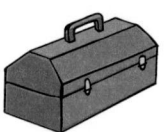

súprava náradia
جعبه ابزار

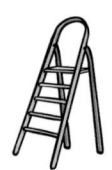

rebrík
نردبان

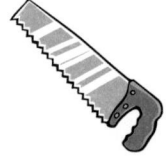

pílka
ارّه

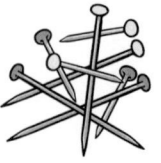

klince
میخ

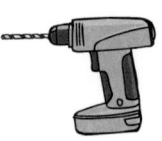

vrták
مته

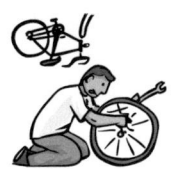

opraviť

تعمیر کردن

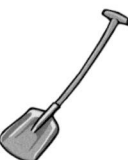

lopata

بیل

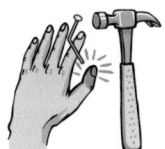

Do čerta!

لعنتی!

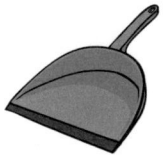

lopatka na smeti

خاک انداز

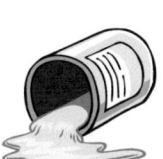

nádoba s farbou

سطل رنگرزی

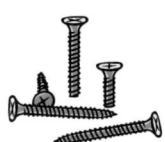

skrutky

پیچ

آلات موسیقی

reproduktor
بلندگو
bicie
درامز
gitara
گیتار
kontrabas
کنترباس
trúbka
ترومپت

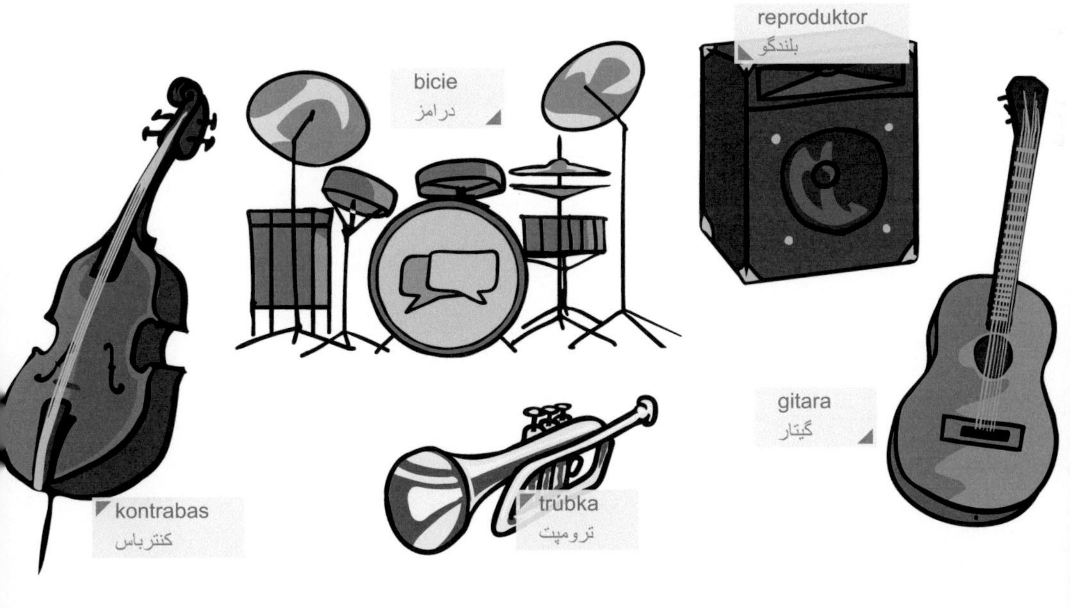

klavír

پیانو

husle

ویولن

basa

گیتار بیس

tympany

تیمپانی

bubon

طبل

klávesnica

کیبورد الکتریک

saxofón

ساکسیفون

flauta

فلوت

mikrofón

میکروفون

hudobné nástroje - آلات موسیقی

باغ وحش

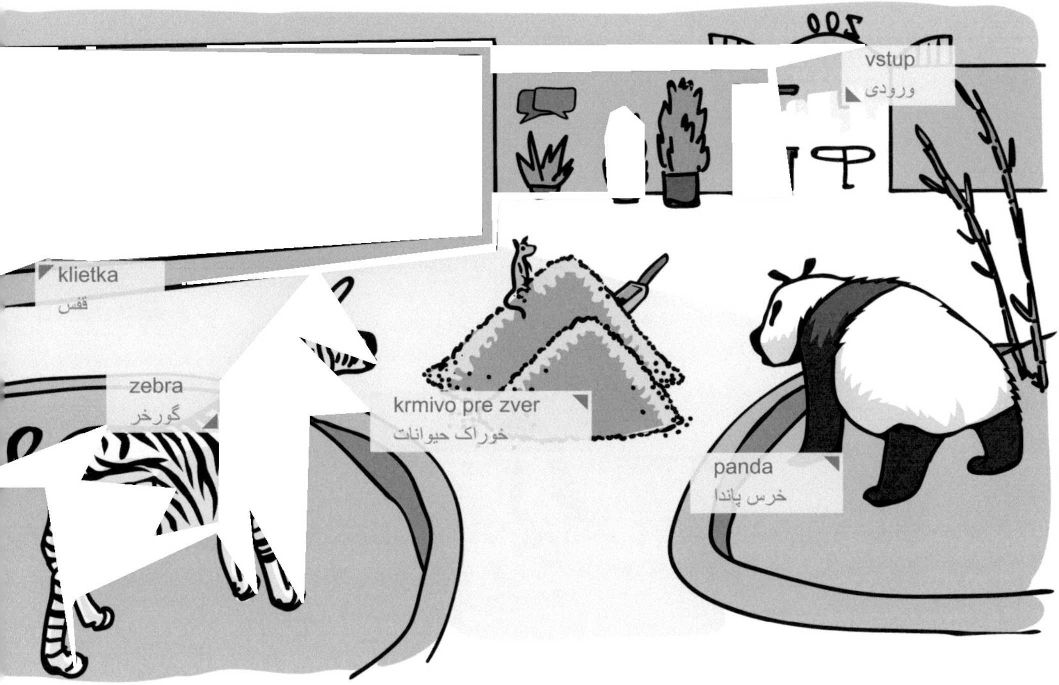
vstup
ورودی
klietka
قفس
zebra
گورخر
krmivo pre zver
خوراک حیوانات
panda
خرس پاندا

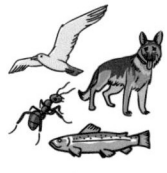

zvieratá

حیوانات

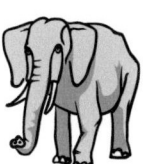

slon

فیل

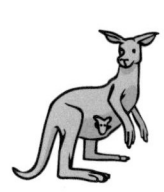

klokan

کانگورو

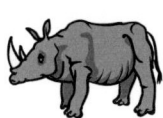

nosorožec

کرگدن

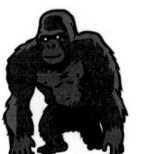

gorila

گوریل

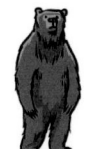

medveď

خرس

ťava

شتر

pštros

شترمرغ

lev

شیر

opica

میمون

plameniak

فلامینگو

papagáj

طوطی

ľadový medveď

خرس قطبی

tučniak

پنگوئن

žralok

کوسه

páv

طاووس

had

مار

krokodíl

تمساح

ošetrovateľ v ZOO

نگهبان باغ وحش

tuleň

خوک آبی

jaguár

پلنگ امریکایی

poník

اسب کوچک

leopard

پلنگ

hroch

اسب آبی

žirafa

زرافه

orol

عقاب

diviak

گراز

ryba

ماهی

korytnačka

لاک پشت

mrož

شیرماهی

líška

روباه

gazela

غزال

americký futbal
فوتبال آمریکایی

cyklistika
دوچرخه سواری

tenis
تِنیس

basketbal
بسکتبال

plávanie
شنا

box
بوکس

hokej
هاکی روی یخ

futbal
·············
فوتبال

bedminton
·············
بدمینتون

ľahká atletika
·············
دوومیدانی

hádzaná
·············
هندبال

lyžovanie
·············
اسکی

pólo
·············
پولو

skočiť
پریدن

smiať sa
خندیدن

objať
بغل کردن

chodiť
راه رفتن

spievať
آواز خواندن

snívať
رؤیا دیدن

modliť sa
دعا کردن

pobozkať
بوسیدن

písať
نوشتن

kresliť
رسم کردن

ukázať
نشان دادن

tlačiť
هل دادن

dať
دادن

brať
برداشتن

mať

داشتن

robiť

انجام دادن

byť

بودن

stáť

ایستادن

bežať

دویدن

ťahať

کشیدن

hádzať

پرتاب کردن

padnúť

افتادن

ležať

دراز کشیدن

čakať

منتظر بودن

nosiť

حمل کردن

sedieť

نشستن

obliecť sa

لباس پوشیدن

spať

خوابیدن

zobudiť sa

بیدار شدن

pozerať

تماشا کردن

plakať

گریه کردن

hladkať

نوازش کردن

česať

شانه کردن

hovoriť

حرف زدن

rozumieť

فهمیدن

pýtať sa

پرسیدن

počuť

شنیدن

piť

آشامیدن

jesť

خوردن

upratať

مرتب کردن

milovať

عاشق بودن

variť

پختن

jazdiť

رانندگی کردن

letieť

پرواز کردن

plachtiť

قایقرانی کردن

počítať

محاسبه کردن

čítať

خواندن

učiť sa

یاد گرفتن

pracovať

کار کردن

oženiť

ازدواج کردن

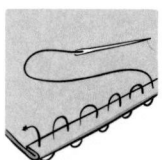

šiť

دوختن

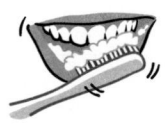

čistiť zuby

مسواک زدن

zabiť

کشتن

fajčiť

سیگار کشیدن

poslať

فرستادن

stará mama
مادربزرگ

starý otec
پدربزرگ

otec
پدر

mama
مادر

bábo
کودک

dcéra
فرزند دختر

syn
فرزند پسر

hosť

مهمان

teta

خاله، عمه

strýko

دایی، عمو

brat

برادر

sestra

خواهر

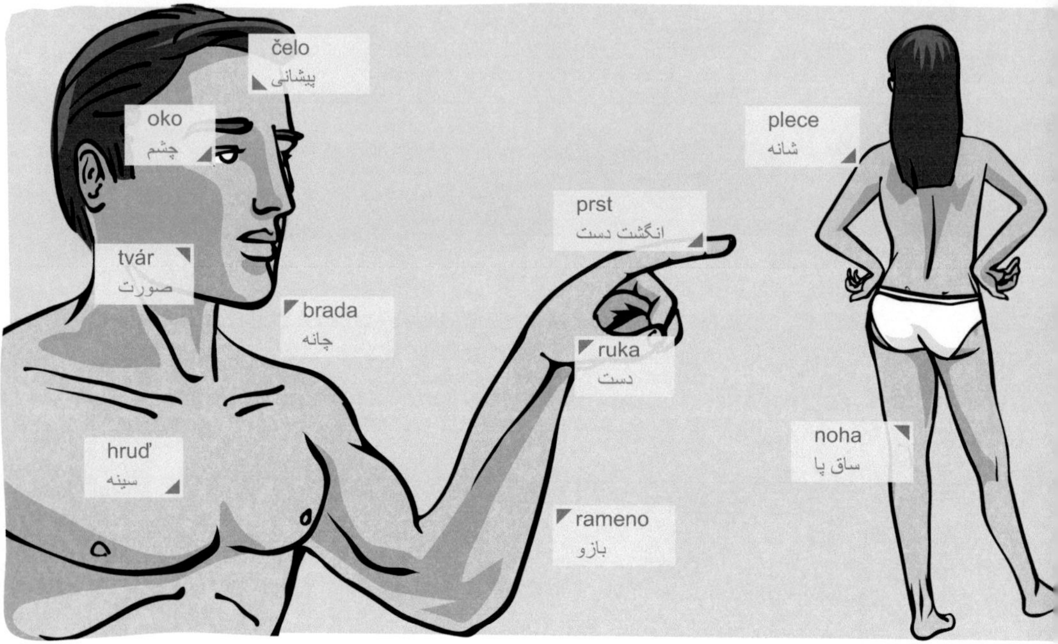

čelo
پیشانی

oko
چشم

plece
شانه

prst
انگشت دست

tvár
صورت

brada
چانه

ruka
دست

hruď
سینه

noha
ساق پا

rameno
بازو

bábo

کودک

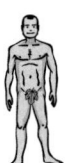

muž

مرد

žena

زن

dievča

دختربچه

chlapec

پسربچه

hlava

کله

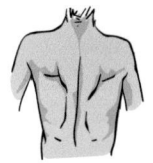

chrbát

کمر

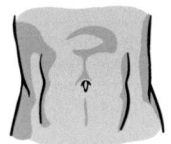

brucho

شکم

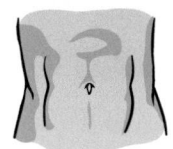

pupok

ناف

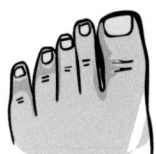

prst na nohe

انگشت پا

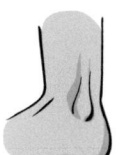

päta

پاشنه

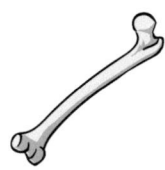

kosť

استخوان

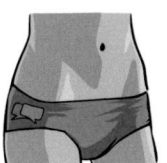

bok

لگن

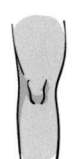

koleno

زانو

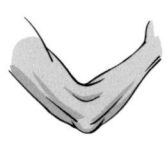

lakeť

آرنج

nos

بینی

zadok

نشیمنگاه

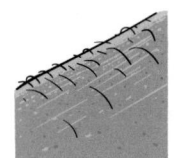

koža

پوست

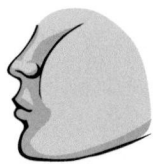

líce

گونه

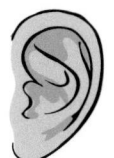

ucho

گوش

pery

لب

ústa

دهان

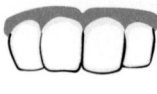

zub

دندان

jazyk

زبان

mozog

مغز

srdce

قلب

svaly

عضله

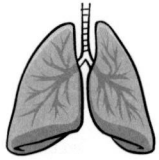

pľúca

ریه

pečeň

کبد

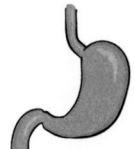

žalúdok

معده

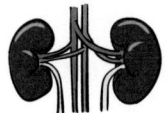

obličky

کلیه

pohlavný styk

آمیزش جنسی

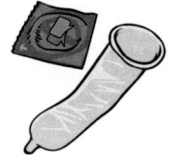

kondóm

کاندوم

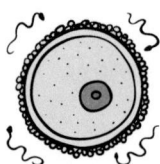

vaječná bunka

تخمک

semeno

اسپرم

tehotenstvo

حاملگی

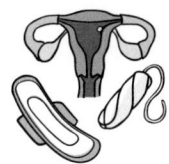

menštruácia

پریود

vagína

واژن

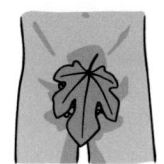

penis

آلت تناسلی مرد

obočie

ابرو

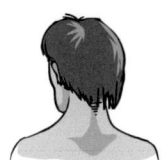

vlasy

مو

krk

گردن

بیمارستان

nemocnica
بیمارستان
zlomenina
شکستگی

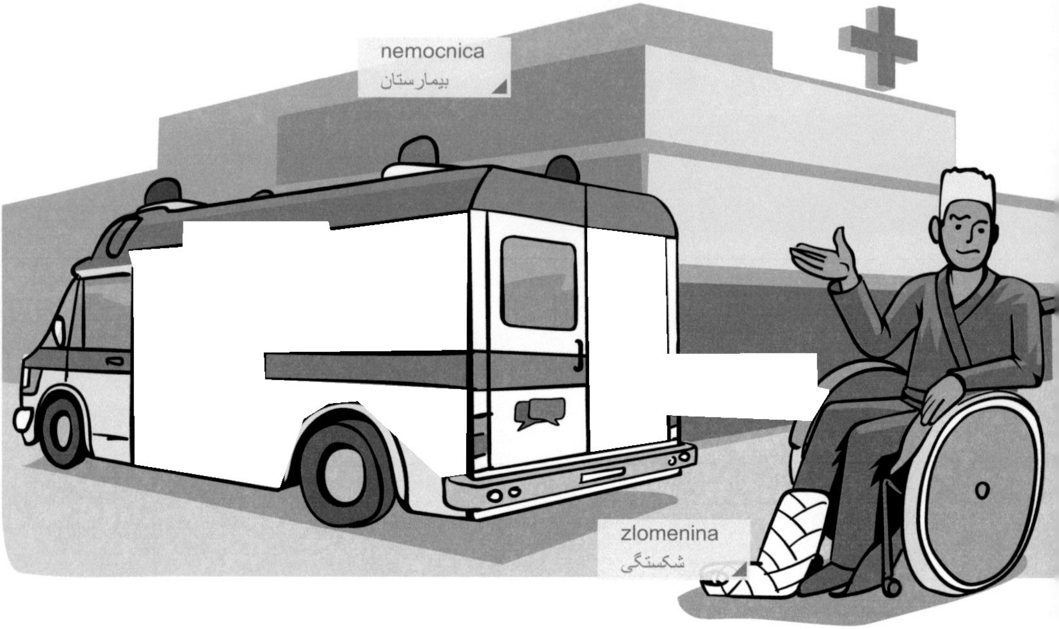

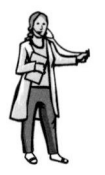

lekár

دکتر

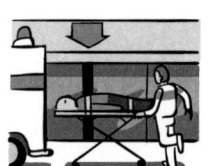

urgentný príjem

بخش اورژانس

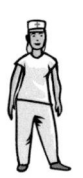

sestrička

پرستار

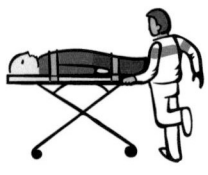

urgentný prípad

موقعیت اضطراری

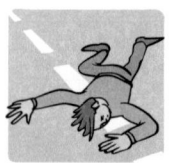

v bezvedomí

بی هوش

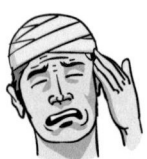

bolesť

درد

zranenie

مصدومیت

krvácanie

خونریزی

srdcový infarkt

سکته قلبی

mozgová porážka

سکته مغزی

alergia

آلرژی

kašeľ

سرفه

teplota

تب

chrípka

أنفولانزا

hnačka

اسهال

bolesť hlavy

سردرد

rakovina

سرطان

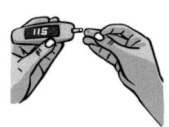

cukrovka

دیابت

chirurg

جراح

skalpel

چاقوی جراحی

operácia

عمل جراحی

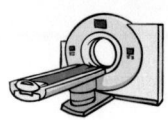

CT

سی تی اسکن

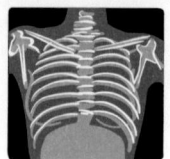

RTG

پرتونگاری

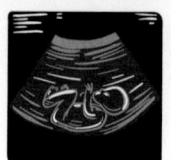

ultrazvuk

سونوگرافی

maska

ماسک صورت

choroba

بیماری

čakáreň

اتاق انتظار

barla

چوب زیر بغل

náplasť

چسب زخم

obväz

پانسمان

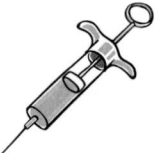

injekcia

تزریق

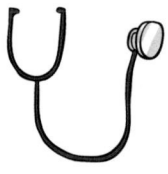

fonendoskop

گوشی طبی

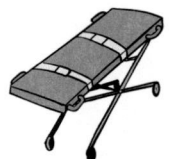

nosidlá

برانکار

teplomer

دماسنج

pôrod

زایش

nadváha

اضافه وزن

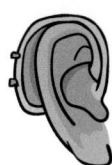

audiofón

سمعک

dezinfekčný prostriedok

ماده ضد عفونی کننده

infekcia

عفونت

vírus

ویروس

HIV / AIDS

اچ آی وی / ایدز

medicína

دارو

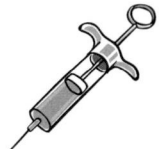

očkovanie

واکسیناسیون

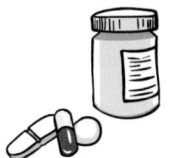

tabletky

قرص

antikoncepčná pilulka

قرص ضد حاملگی

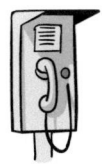

tiesňové volanie

تماس اظطراری

tlakomer

دستگاه اندازه گیری فشارخون

chorý / zdravý

مریض / سالم

Pomoc!

کمک!

alarm

آژیر خطر

prepad

حمله

útok

حمله ی فیزیکی

nebezpečenstvo

خطر

núdzový východ

خروج اظطراری

Horí!

آتش

hasičský prístroj

کپسول آتش‌نشانی

nehoda

تصادف

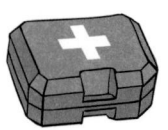

kufrík prvej pomoci

جعبه کمک های اولیه

SOS

درخواست کمک

polícia

پلیس

Európa

اروپا

Severná Amerika

آمریکای شمالی

Južná Amerika

آمریکای جنوبی

Afrika

أفريقا

Ázia

آسیا

Austrália

استرالیا

Atlantický oceán

اقیا نوس اطلس

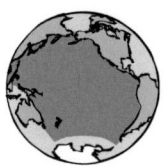

Tichý oceán

اقیانوس آرام

Indický oceán

اقیانوس هند

Južný oceán

اقیا نوس اطلس جنوبی

Severný ľadový oceán

اقیانوس منجمد شمالی

Severný pól

قطب شمال

Južný pól

قطب جنوب

Antarktída

قاره قطب جنوب

Zem

کره زمین

krajina

سرزمین

more

دریا

ostrov

جزیره

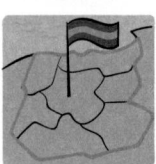

národ

ملت

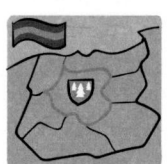

štát

کشور

ciferník

صفحه ی ساعت

hodinová ručička

ساعت شمار

minútová ručička

دقیقه شمار

sekundová ručička

ثانیه شمار

Koľko je hodín?

ساعت چند است؟

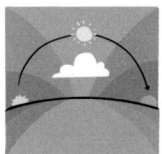

deň

روز

čas

زمان

teraz

اکنون

digitálne hodiny

ساعت دیجیتال

minúta

دقیقه

hodina

ساعت

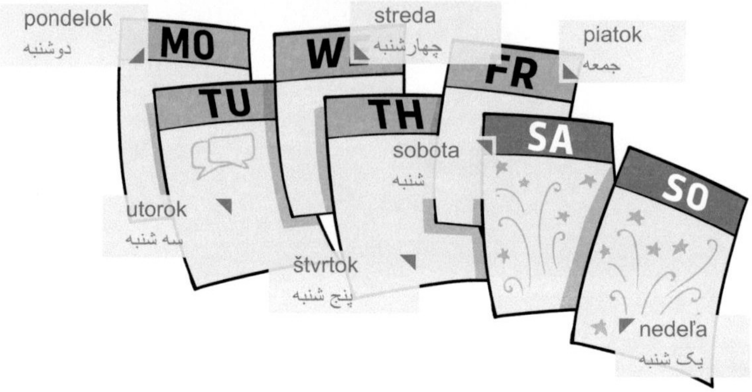

pondelok
دوشنبه

MO

streda
چهارشنبه

W

piatok
جمعه

FR

TU

TH

sobota
شنبه

SA

SO

utorok
سه شنبه

štvrtok
پنج شنبه

nedeľa
یک شنبه

včera

دیروز

dnes

امروز

zajtra

فردا

ráno

صبح

poludnie

ظهر

večer

غروب

MO	TU	WE	TH	FR	SA	SU
1	2	3	4	5	6	7
8	9	10	11	12	13	14
15	16	17	18	19	20	21
22	23	24	25	26	27	28
29	30	31	1	2	3	4

pracovné dni

روزهای کاری

MO	TU	WE	TH	FR	SA	SU
1	2	3	4	5	6	7
8	9	10	11	12	13	14
15	16	17	18	19	20	21
22	23	24	25	26	27	28
29	30	31	1	2	3	4

víkend

آخر هفته

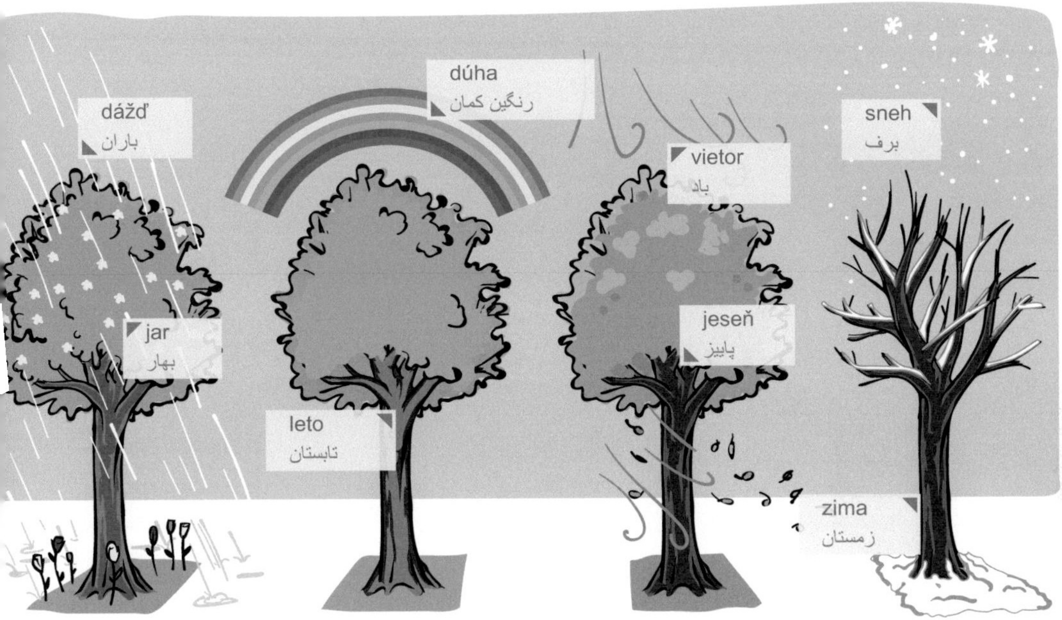

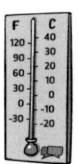

dáždʼ
باران

dúha
رنگین کمان

sneh
برف

vietor
باد

jar
بهار

jeseň
پاییز

leto
تابستان

zima
زمستان

predpoveď počasia

پیش‌بینی اوضاع جوی

teplomer

دماسنج

slnečný svit

تابش آفتاب

oblak

ابر

hmla

مه

vlhkosť vzduchu

رطوبت هوا

blesk

صاعقه

hrom

أسمان غره

búrka

طوفان

krúpy

تگرگ

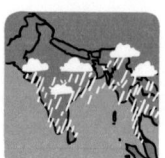

monzún

باد موسمی

záplava

سیل

ľad

یخ

január

ژانویه

február

فوریه

marec

مارس

apríl

آوریل

máj

مه

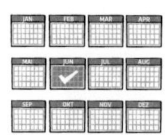

jún

ژوئن

júl

ژوئیه

august

آگوست

september

سپتامبر

október

أكتبر

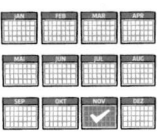

november

نوامبر

december

دسامبر

kruh

دايره

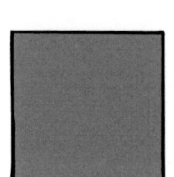

štvorec

مربع

obdĺžnik

مستطيل

trojuholník

سه گوش

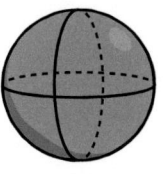

guľa

گره

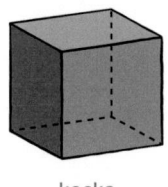

kocka

مكعب مربع

biela

سفید

žltá

زرد

oranžová

نارنجی

ružová

صورتی

červená

قرمز

fialová

بنفش

modrá

آبی

zelená

سبز

hnedá

قهوه ای

šedá

خاکستری

čierna

سیاه

veľa / málo

خیلی / کم

zúrivý / pokojný

خشمگین / آرام

pekný / škaredý

زیبا / زشت

začiatok / koniec

شروع / پایان

veľký / malý

بزرگ / کوچک

svetlý / tmavý

روشن / تیره

brat / sestra

برادر / خواهر

čistý / špinavý

تمیز / آلوده

úplný / neúplný

کامل / ناقص

deň / noc

روز / شب

mŕtvy / živý

مرده / زنده

široký / úzky

پهن / باریک

chutný / nechutný

قابل خوردن / غیر قابل خوردن

zlostný / láskavý

غضبناک / مهربان

vzrušený / unudený

هیجان زده / بی حوصله

tlstý / chudý

چاق / لاغر

prvý / posledný

اولین / آخرین

priateľ / nepriateľ

دوست / دشمن

plný / prázdny

پر / خالی

tvrdý / mäkký

سفت / نرم

ťažký / ľahký

سنگین / سبک

hlad / smäd

گرسنگی / تشنگی

chorý / zdravý

مریض / سالم

nelegálny / legálny

غیرقانونی / قانونی

inteligentný / hlúpy

باهوش / خنگ

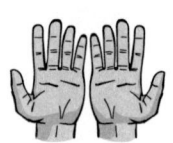

vľavo / vpravo

چپ / راست

blízko / ďaleko

نزدیک / دور

nový / použitý

نو / استفاده شده

nič / niečo

هیچ چیز / چیزی

starý / mladý

پیر / جوان

zapnuté / vypnuté

روشن / خاموش

otvorené / zatvorené

باز / بسته

tichý / hlasný

آهسته / بلند

bohatý / chudobný

ثروتمند / فقیر

správne / nesprávne

درست / غلط

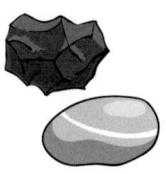

drsný / hladký

زبر / صاف

smutný / šťastný

غمگین / خوشحال

krátky / dlhý

کوتاه / بلند

pomaly / rýchlo

کند / تند

mokrý / suchý

تر / خشک

teplý / studený

گرم / خنک

vojna / mier

جنگ / صلح

0
nula

صفر

1
jeden

یک

2
dva

دو

3
tri

سه

4
štyri

چهار

5
päť

پنج

6
šesť

شش

7
sedem

هفت

8
osem

هشت

9
deväť

نه

10
desať

دَه

11
jedenásť

یازده

12

dvanásť

دوازده

13

trinásť

سیزده

14

štrnásť

چهارده

15

pätnásť

پانزده

16

šestnásť

شانزده

17

sedemnásť

هفده

18

osemnásť

هجده

19

devätnásť

نوزده

20

dvadsať

بیست

100

sto

صد

1.000

tisíc

هزار

1.000.000

milión

میلیون

angličtina

انگلیسی

americká angličtina

انگلیسی آمریکایی

mandarínska čínština

چینی ماندارین

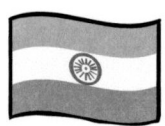

hindčina

هندی

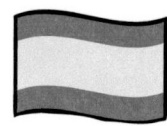

španielčina

اسپانیایی

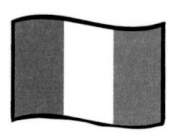

francúzština

فرانسوی

arabčina

عربی

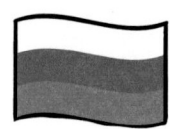

ruština

روسی

portugalčina

پرتغالی

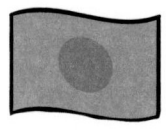

bengálčina

بنگالی

nemčina

آلمانی

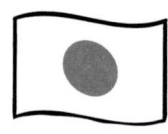

japončina

ژاپنی

ja

من

ty

تو

on/ona/ono

او

my

ما

vy

شما

oni

آنها

kto?

چه کسی؟ کی؟

čo?

چی؟

ako?

چگونه؟

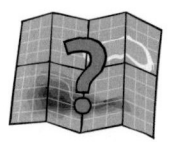

kde?

کجا؟

kedy?

کی؟

meno

نام

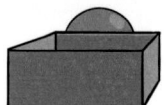

za

پشت

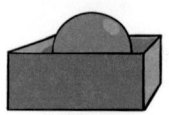

v

توی

pred

جلو

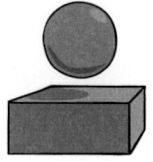

nad

بالای

na

روی

pod

زیر

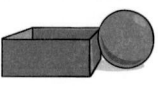

vedľa

مجاور

medzi

بین

miesto

مکان